社会福祉を牽引する人物③

西川 全彦・八寿子

――社会福祉の発展と政治を動かす力――

鼎談者 西川 全彦・西川 八寿子・塚口 伍喜夫
編集者 野嶋 納美

大学教育出版

まえがき

社会福祉を牽引する人物の3番目に社会福祉法人白鳥会理事長の西川全彦氏にご登場いただきました。西川さんを深く知っていただくには、奥さんの八寿子さんにもご登場願い全彦さんの知られざる側面をご紹介していただきました。

このコーディネイトは本会の初代理事長であり、現在は顧問の塚口伍喜夫さんにお願いいたしました。塚口さんには、このシリーズのコーディネイトを最初からお願いしております。

シリーズの第1弾は、社会福祉法人神戸婦人同情会理事長の城純一氏を、第2弾は社会福祉法人ささゆり会をたちあげ、現在は法人本部長である不肖笹山周作を、公認会計士である弟の勝則をまじえて紹介させていただきました。

西川さんをご紹介する根拠は、塚口さんとの鼎談の中で明らかになりますが、業界の組織力を大事にし、その力で政治を動かしてこられたことです。社会福祉業界もいろいろな場面で政治に利用されてきた経験は多く持っていますが、業界の組織力で政治を動かす主体性はほとんど発揮してきておりませんでした。西川さんは「福祉の発展は『政治を動かす』力を自らが持つこと」を一つの信念に挑戦され成果を上げてこられたことです。

社会福祉業界は、その業界を代表する議員を出すことを良しとしてきておりますが、西川さんは、自らは野にあって、組織力で社会福祉を前進させるために政治を動かす手法をとられてきたことです。私は、この戦略が正しいのではないかと思い、また業界もこの戦略を学ぶべきではないかと考え、西川さんをご紹介申し上げました。

令和元年六月吉日

NPO法人福祉サービス経営調査会

理事長　笹山　周作

はじめに

兵庫県の社会福祉を牽引する人物の３人目として、元兵庫県保育協会理事長の西川全彦氏さん（以下「全彦」さんと呼ぶ）を紹介することにいたしました。

まず、全彦さんは兵庫県の保育協会理事長としては最も若くして就任されたのではないかと思います。

西川さんは、その活動基盤を保育事業に置かれていましたが、活動範囲は社会福祉全般にわたって俯瞰され、社会福祉を押し上げるための活動を進めてこられました。こうしたことを順次ご紹介しながら、そのエネルギッシュな牽引力を見てみたいと思います。

塚口　伍喜夫

社会福祉を牽引する人物③

西川全彦・八寿子

——社会福祉の発展と政治を動かす力——

目次

社会福祉を牽引する人物③

西川全彦・八寿子

――社会福祉の発展と政治を動かす力――

（写真左から）西川八寿子氏・西川全彦氏

生い立ちと福祉の道に入ったきっかけ

塚口：最初に、全彦さんの人となりを知りたいと思います。その前に、今回は全彦さんの奥さんの西川八寿子さん（以下「八寿子」さん）にも加わっていただいて私と3人での鼎談という形で進めたいと思います。最初は、全彦さんの生い立ちなどについてお話をいただきたいと思います。

西川：私は、兵庫県印南郡（昭和51年からは加古川市）志方町で二代続いた靴下メリヤス業の家庭に生まれました。昭和20年2月に父 松本武雄、母 かつらの5人兄弟の年の離れた末子として育ちました。その家業も年々逼塞し、二十数年前に廃業しております。19歳年長の兄が私の名付け親です。歳の離れた兄弟は4人とも今では他界しました。

〔注〕「昭和二十七年の話になるが、三島由紀夫は春先に大阪方面に出かけたとき、茨木市にある作家 富士正晴宅を訪問した。（中略）三島が富士と談笑しているところへたまたまある文学青年が訪ねてきた。富士が『三島君、君と同郷の男が来たよ』と青年を紹介すると、三島は嫌なものを見たかのように眉をひそめてさっと立ち上がり、一言も発することなく帰ってしまった。かつての文学青年、いま志方町で家業のメリヤス工場を継いでいる松本光明【長兄】は、『まるで私の存在が厭わしいかのようでした』と憮然と振り返るのである」猪瀬直樹著『ペルソナ』三島由紀夫伝より

父親は、喧嘩っ早い人でしたが、世界の王貞治氏が早稲田実業高校の投手として選抜高校野球大会に出場した時に、甲子園球場まで野球観戦に連れて行ってくれたこともありました。母親は、私を慈しんでくれ、怒ることはほとんどなかった人でしたが、事業がうまくいかなくなってからは、お嬢さん育ちのか細い体で、内職を黙々としておりました。今思い出すと大変苦労をかけたと思っています。

塚口伍喜夫氏

私は、地元の小・中学校から、家業が芳しくない中でも大学まで進学させてくれ、卒業後は製鉄所や電力会社の重

電設備工事に携わる大洋興業に入社し、短期間の間に、山口県光営業所、姫路本社、東京事務所に勤務していた時期に、長女と次女が生まれ、徐々に自分自身の人生というものを深く考えるようになり、同社を退職しました。

一人っ子の妻 八寿子とは、昭和46年に結婚し、私は西川家の養子となりました。昭和48年に義祖母が亡くなり、今は亡き義母が白鳥保育園の施設長を引き継いだ直後でもあり、財務の事務処理が不案内ではありましたが、保育園を手伝うことになりました。最初、白鳥保育園に勤務した時には、私を含めて10人ほどの職員数であり、また女性ばかりで私と施設長の姑である母親とは、上手く人間関係ができるのか心配しました。

しかし、施設長の義母が私を頼ってくれたこともあり、職場では順調に滑り出しました。

姫路市役所のことに触れたいと思います。40年以上前は、姫路西校（旧制姫路中学）出身者が中枢で、戦後から今の市長まですべて同校出身者であり、そして城下町らしく保守傾向も強く、この地の生まれでもなく地元に縁もない中、昭和49年（29歳）より白鳥保育園に事務職として携わり、2年後昭和51年4月（31歳）、飾西に、当時、多少紆余曲折もありましたが、施設整備の上、設置した白鳥南保育園の施設長に就任し、現在に至っております。

塚口：義母さんとの関係はうまくいっていたのですね。

全彦：義母は、私の施設運営・経営について、口を挟むことはなく、自主性を重んじてくれたので案外しやすく、あまり、軋轢を生じることはなかったと思っております。

塚口：福祉の世界に入ったきっかけは八寿子さんなんですね。なれそめを教えてください。

八寿子：お見合いです。保育園を運営されていた野喜和歌子さんの紹介で出会いました。家に行くと多くのお見合い写真が積み重ねてあり、「この人どう」というような感じでした。昔はこういうことが好きな方がいました。私の祖母が話を進めてきて、21歳の素直な私はその流れに身をまかせまし

白鳥保育園

た。野喜園長はいろんな方に紹介しておられたので、私が行った時も先客がありました。そのスーツ姿の男性を見て私は、ニコッと笑って愛想良くしてたら、何と私の相手は、その人ではなく白いワイシャツを着て下駄をはいてやってきた人でした。

塚口：下駄をはいて行かれたのですか。こういうところが全彦さんらしいですね。

全彦：覚えていないです。

八寿子：それでも縁があったのでしょうね。

全彦：48年前のことですね。

塚口：もう金婚式ですね。西川さんはうわさとか、批判とかあまり気にしない方でしょ。

八寿子：そうですね。わりと楽天的な感じですね。

塚口：八寿子さんがカバーしないといけないところは多いかもしれません。仕方ないですね。

八寿子：21歳の何も知らない時で、親の言う通りでしたね。親の言うことが一番で、間違いがないだろうと思っていたので。

塚口：時々、八寿子さんの存在を感じる時があります。やっぱり全彦さんでも八寿子さんには頭が上がらないんだろうなと思います。それが良いところかもしれないです。

政治との関わり

塚口：保育園や特養の経営を現在されていますが、西川さんから受ける印象は、社会福祉法人の経営者であって、政治をうまく活用されていると思います。県下広しと言えどもそのような人はめったにいないです。初めにそのあたりのことをお聞きしたいとおもいます。

八寿子：昔から福祉と政治は切り離せないと言っていました。

全彦：政治と関わりを持つきっかけは、当時の姫路市長の吉田豊信さん（元兵庫県出納長、元自治省官僚）に数回も陳情に行った際、保育行政は国の機関委任事務だといわれ、市単独助成については消極的で、門前払いされたことです。機関委任事務だから国からの委任で動いているものだから、私たちが動き助成金を出す必要がないと考えられていたのだと思いますが、そのようなことでは駄目だと思いました。

地方では、いろいろな政策決定も法律の改正もすべて政治で決まります。そのことを考えても政治にコミットメントしていかないと、私たちの果実は取れないだろうなと思いました。当時は、隣の保育所と２㎞離れておかないと保育所が立てられないとなっていました。２㎞以内に入る時は、近隣の保育園の同意がいりました。今はないですが当時通達がありました。

今も存命ですが、その方が、小学校ができる傍に作る、それは７００ｍ。それについては、抗議しましたが、政治にくっついている人は当時市会議員で、親分が姫路市の市議会を牛耳っていました。陳情に行ったら親分にゴマすっているのが見るからにわかりました。通知・通達があっても力の強い政治家がその問題に介在するとひっくり返るということを30代初めに経験から学びました。そのようなことに負けてなるものかという気持ちもありました。私は加古川からきたので、よそ者だと。彼らは姫路の地元で生まれ育ち私より20歳ぐらい年上で、そのような方がおられたので、政治を頑張らないといけないという反面教師になりました。いろいろなことをその時勉強させてもらいました。

塚口：そのようなことがあって、政治とコミットメントしないと保育も社会福祉もよくならないと思われたのは全彦さん1人だったのじゃないですか？

全彦：とりあえず1人でした。それを主張し続けてきましたが今でも政治にコミットする団体長はいないですね。気が弱いのかもしれないです。

塚口：コミットするというよりも、そのような意識がないのかもしれません。

全彦：そうですね。意識がないのかもしれません。これからどんどん少子高齢化が進み、医療費と介護保険は減らされるのに危機感がないのとおなじですね。

塚口：加古川から婿養子で姫路に来られて、ご主人がこのような意識を持っておられたことについて八寿子さんはどのように思われていましたか。

八寿子：姫路市内の園長のなかで、良いことだと賛同いただける方がある一方、その意見に大きな反発の意思を表す方もいらっしゃいました。今のままでよいという保守的な方が多いところで、どうしたらよいのか当時の私は複雑な心境でした。

塚口：現在は何代目にあたりますか？

八寿子：私の祖母がはじめたので、3代目になります。家の前のところをその人に譲って、自分たちは六角の方に出てこようということになりました。そのようなことがあるのに、そちらの方が……。私の母がそのことにとても悩んで、悔しくて自殺したいとまで言っていました。その時に市会議長がやって来て言ったことは、「それはしてはいけない事だとわかっている。1回だけ大目に見てくれ。次回からそのようなことがないようにする」。そのようなことを平気で言ってくるのです。母はまた悩むわけです。その姿を主人は見て、相手が市会議員だったから今回のような扱いを受けたと感じたようです。そのような辛いことがいっぱいあって、政治と関わりを持っておかないといけないと強く感じたのだと思います。

塚口：もしかしたらそのような風土があるのかもしれないですね。

全彦さんはその後市長選にずっと関わって来られました。そのいきさつを教えてください。

全彦：昭和57年に吉田市長が辞めると言われ、千載一遇のチャンスだと思いました。昭和58年の4月が選挙でした。昭和57年の5月に後援会の初会合の前に、若葉保育園の笹川さんのお父さんがその時の市長になられた戸谷さんと姫路中学校の同級生でした。5月の連休に戸谷さんが来るから家に来ないかと誘われ、行きました。それが姫路に来て2～3年過ぎた頃です。5月5日ごろから翌年の4月まで応援しました。

塚口：応援は後援会のようなものを立ち上げられたのですか。

全彦：後援会は立ち上げないで、姫路信用金庫の後援会の初会合に行き、ゴルフ場の社長と今度私たちが神姫バスの転回所のところに事務所を借りようと、神姫バスの当時の会長が戸谷さんの後援会長になることが決まっていたこともあり、その時は無料で1年間貸していただき、事務所のお金はゴルフ場の社長が出しました。

注）戸谷さん…県の土木部長・副知事。坂井知事の勧めもあって姫路市の市長に立候補されました。姫路獨協大学を作られました。大成建設の人から獨協大学の人を紹介されました。藤田まことさんのいとこ。

塚口：その時の後援会には、西川さん個人として参加されたのですか。

全彦：一運動員としてです。まだ姫路に来て6、7年の若僧です。後援会長なんてできません。しかし、保育園の団体が活動に賛同してくれました。最終的には県立武道館（昔：厚生会館1万3000人収容）の集会の時に、今だったら批判されるかもしれませんが、保育士150人を出しました。それが選挙運動の大きな第一歩になりました。

塚口：その時が政治に本格的に関わりはじめた時だったのですね。

全彦：そうですね。昭和57年です。選挙は昭和58年です。延べ60か所ぐらい個人の家で個人演説会を設定しました。その当時は若かったのでエネルギーがありました。

塚口：その時、八寿子さんはどのようにされていたのですか。

八寿子：私も一所懸命手伝いました。仲の良い園や西川と気が合うところに声をかけたり、私も知り合いの保育士に声をかけたりしながら、今だったら大きな声で言えないですね。

塚口：私の知っている人で政治に関わっている人の奥さんは、横を向いておられるケースが多いですね。私は関わらない、主人の道楽ですと言って関わられていない人が多いですが、西川さんのところは夫唱婦随ですね。

八寿子：あの時はあれで楽しかったという思い出です。

塚口：それで戸谷さんが当選された。戸谷さんが当選されて、西川さんは姫路の福祉業界で戸谷さんの当選に最も貢献があったと評価されたのですね。

全彦：その当時は、市内に特養ホームの施設が2つぐらいでした。昭和61年に衆議院選挙がありました。現在は、峰相・白鳥・青山小学校区に分割されていますが一つの白鳥校区でした。そこの連合自治会長が南保育園を建てる時に随分世話になった方で、その人が石見元秀元市長のつながりで、松本十郎氏を応援していると言われ、2～3回、応援演説をしてまわりました。姫路市の園長会長就任と同時に兵庫県保育所連盟副会長になり、同時に日本保育協会の兵庫県支部長という立場になり、自民党本部に陳情に行っても松本十郎代議士と会うことはなく、戸井田三郎さんには何回か会いました。姫路の西北地域は石見元市長が松本十郎氏で応援すると決められて、当時の県会議員の岩谷源治さんにも応援するように説得され、旧制龍野中学出身の河本敏夫代議士から鞍替えをさせられたということです。

松本十郎さんは福祉にとっては役に立つように思われなかったので、昭和61年7月の総選挙に、私は石見満寿太氏らに宣言し、鞍替えをして戸井田さんを応援することにしました。9月に育三会で当選祝いを開催したときに、戸井田代議士より「西川君、東京の青山の子どもの城を姫路に誘致しようと思うんだが、君はどうかね」と聞かれ、二つ返事でOKし、早速、戸谷市長に陳情し、土地の手当てを依頼し、貝原知事の初当選後、「子供の城」というような施設を姫路ばかりに誘致することに難色を示されましたが、戸井田代議士に強力に推し進めてもらい、姫路市青山に設置することが決定しました。

［注］県立こどもの館で、貝原知事を囲んで昼食会があり、建築家の安藤忠雄氏が当時の三洋電機会長　井植敏（松下幸之助氏の義甥）夫妻を誘われ出席されておりました。その数年後に三洋電機（最高売上高2兆円超）は倒産し、いみじくも戦後創業の大企業の栄枯盛衰を目のあたりにしました。

塚口：戸井田さんは何で出て来られていたのですか？

全彦：戸井田さんは、全国保育関係議員連盟の自民党のえらいさんでした。東京で保育議員連盟との懇談と言えば戸井田さんが出て来られていました。松本十郎さんは入っていませんでした。

塚口：そういうことであれば、戸井田さんに鞍替えするのもわかりますね。

八寿子：日保協などいろんな協会とのつながりがあり、保育界にとって力を持っているのは、松本さんではなく戸井田さんだということがわかりました。

塚口：私たちも政治連盟で応援しました。戸井田さんはあまり良い評判がありませんでした。利権で施設を建てている、地検が動いているなどの噂を聞きましたが、そのことは関係ないので応援しました。保育の方に力を持っておられたんですね。

全彦：昭和62年ぐらいに東京に行ったら、戸井田さんは自民党の社労部会長になっておられました。私に前年の予算のお礼を言ってほしいと事務局の人に頼まれ、最初は議員さんが少なかったのですが開始の時間には150人ぐらいになって、そこでお礼を言いました。隣の八寿子がこれも言い、あれも言いと横から言ってきて、前にいる羽田孜（のちに総理大臣になる）にも囃し立てられました。そのような経験もあります。選挙の時は一生懸命頑張りますと言ったら議員の中で拍手が起こりました。

塚口：普通政治家と対峙する時には、へいこらしますが西川さんは、それはないですね。どちらかというと、政治に動かされるというより政治を動かす。保育業界にとって必要なことは言って、選挙の時には力を発揮されています。

八寿子：票がない人は選挙で勝てないですから、選挙に出る人が上で投票する人が下ではないというあたりまえの考えです。私たちの代表という意識を強く持っているように感じます。

塚口：へつらってつながりをつくるのではないところが良いところだと思います。

八寿子：戸谷さんにかわいがってもらってから、だんだんいろんなことが広がっていったように感じます。保育士も手伝うようになりました。保育士が市長を好きだと、市長のファンになるようなことは今までなかったと思います。12月になると保育園の忘年会に市長を呼んだり、市会議員を呼んだりしていました。

全彦：会長は16年間しました。そのうち15回市長が来てくれました。

八寿子：保育士が市長と写真を撮ったり、撮った写真を家の宝物だと言っていました。今までの市長に対する印象と違うので驚きました。身近な存在になることによって、応援したいという行動に移っていったようです。

塚口：戸谷さんの後が堀川さん。堀川さんは私たちもよくわからない人だという印象があります。元警察官僚ですね。

全彦：平成6年、戸谷さん（12年間）が辞められる前年に、次の市長候補者である堀川さんを応援してくれと頼まれました。その時はそんなことはできないと突っぱねました。堀川さんとはその1週間前に会って話し合ったときに、福祉や保育のことに興味がなくその大切さが分かっていませんでした。その直後に市長から呼ばれました。2か月したら五島壮さんが出馬するという話をサンシャイン青山の田路さんが教えてくれました。堀川さんを12月から5か月間応援しました。その間に日保協の支部長会に上京した折には、母子福祉課長（現　保育課長）に伴われ、厚生省の主管外の局長室に赴くと、この度の市長選では、大学時代の同級生である堀川君の応援、よろしくと依頼されたこともあります。

八寿子：素直な方という印象があります。女性の園長もいろいろな方がいらっしゃいますが、綺麗な園長を目で追っておられました。そのような所を見て、素直だなと思いました。奥様が気さくな方でした。家のことをよくお話しされていました。息子さんの写真を見せてくださったりしました。

塚口：それでもったのかもしれませんね。西川さんの堀川さんの評価はどうでしたか？

全彦：応援しましたが、五島県議か堀川さんかの二者択一だったので、堀川さんを応援しました。余談になりますが、高岡市民センターの個人演説会の応援弁士3人（後援会長松下寛治、元市助役 吉本亀夫、小生）は加古川中・高出身者で、姫路出身の人は誰もいませんでした。ところで、堀川さんはゼロ点でした。2期され、市長を辞められてからすぐ亡くなられました。体は大きかったが気が弱かった。結局のところ国家の高級警察官僚として上から目線なところがありました。厚生労働省の官房政策課長・厚生審議官（最終の官職は事務次官）や社会援護局施設人材課長（保育課長歴任、最終官職は内閣府審議官）等々の多くのエリート官僚を招聘して話をしてもらう時でも堀川さんはすぐに帰られ、官僚としては、ご自分の方が上だという思いがあり、田舎の市長として姫路市を代表する営業マンという思いは、さらさら持ち合わせていない人でした。

［注］堀川市長は、海部俊樹内閣総理大臣時の警察庁から出向の総理大臣秘書官、該課長は厚生省から出向の内閣官房内閣参事官の関係で、お二人は、知人であったので、課長に来姫していただいた。当時の厚生省施設人材課の年間予算額は、２３００億円、姫路市の一般会計予算額は１８００億円であり、該課長が市長に「この際、できることは前向きにお聞きしますよ」と言われたが、市長は知見がなく、担当幹部も随行させなかったため、何も返事をされなかった。

塚口：西川さんから堀川さんの評価については聞いたことがなかったので興味がありました。

堀川さんの次は誰ですか？

西川：今の岩見さんです。

八寿子：今の市長とは以前からつながりがありました。保育園を手伝う前に、転勤で東京に行っていました。姫路から行くのに東京の状況が分からなかったとき、岩見さんのお兄さんが東京にいらっしゃって、住むところを紹介してくださいました。家も近所で、2年間奥さんとは毎日お話しするような関係で、出産する病院が東京から川崎の病院に変わることがあって、私の母を病院まで車で送ってくださいました。そのようなつながりが前にありました。姫路に帰って来てからはつながりもなかったのですが。

塚口：西川さんが首長戦にずっと関わってこられて、総括的にどのように評価されていますか。

全彦：戸谷さんの時は良かったです。姫路はほとんどの小学校区に幼稚園がありますが、保育園をやっているのでいろんな面で優先してくれました。堀川さんは子どもの福祉に興味がなかった。特に何かに興味があったというのはわかりません。何も考えずに市長になったのかもしれません。今の市長はお父さんがやり残したこと、姫路の駅前をどうするか。姫路の今の絵は、弟の案です。それをお兄ちゃんがしているような感じです。弟のいうことをよくきかれます。

塚口：当たりはずれはあるけれども、首長ともどこかで繋がっておかないと。

全彦：そう思いますね。

塚口：姫路の市会議員は何人か全彦さんの賛同者はいるんですか。

全彦：つかず離れず、中立の立場を保てるようにしています。上手に付き合わないと、あまり深入りしてしまうとバックマージンを取られることになってしまいます。

塚口：私たちもバッチをつけている人との付き合い方を勉強してきました。

全彦：地方政治、首長選挙にも関わって来られて、地方政治と社会福祉の関係を総括的にみてどんな意見に集約されるでしょうか。

塚口：地方政治家のトップを応援しても、目まぐるしく変わる社会福祉制度に追いつけていけていません。的確に指示ができないから役人の言うままになってしまうということが起こっています。

全彦：業界の側からみればということですね。

塚口：そうです。役人が思うままにできるということです。市長は知らないので、うまく説明すれば誤魔化すこともできると思います。役人に対して、的確に指示が出せる首長でないとダメだなと思います。

全彦：西川さんの動きを見ていて、議員の動きも含めて市町村行政の最大の柱は市民福祉、住民福祉だと思います。教育や環境、建築の問題があったりするにしても、最大の課題はそこではないかと思います。にもかかわらず、あまり関心が向いていないようですね。

全彦：市の予算で一番多く使っているのが社会福祉です。あまりにも範囲が広すぎて細分化された制度は、勉強を60代や50代で議員になっても理解できません。わからないのに、市の職員に任せ職員の言うままに操られています。平成30年度から国民保険が県に移りましたが、集金業務などある程度姫路市が関わっていかないといけないと思います。この10年、20年で制度が段々複雑になってきています。勉強していてもわからなくなります。役人も2、3年で移動がありわかる人がいない状況です。

これだけスピードを上げて改革してくるし、予算は下げないといけないし、少子高齢化で難しい時代の上に目まぐるしく制度が変わったら基礎自治体でも兵庫県庁でもわからなくなります。専門家を県単位で養成しないといけないと思います。少人数で説明してくれるゼミのようなものをした方が良いのかと思います。龍野市や篠山市など小さな自治体は専門職がいないので兵庫県でそのような人材を養成してもらうということが大事だと思います。

兵庫県保育推進連盟の立ち上げ

塚口：昭和59年～60年頃だと思いますが、貝原さんが知事に立候補する前に、助言を求めに金井会長のところによく来ておられました。その時は、兵庫県社協もお金がなく、知事選の前の年、鷲尾先生（県議会の議長などをされた。重鎮の1人）に予算をあげてもらえるように頼んだのですが、選挙の票が入らないような所に力を入れないと言われました。このことがきっかけとなって兵庫県社会福祉政治連盟を立ち上げました。その時に西川さんにいろいろ指導を受けました。政治連盟を立ち上げ、西川さんの保育推進連盟と合同で貝原さんを励ます会のようなものを明石でしました。その当時から西川さんは面白い人だなと思っていました。

その時は社協そのものが政治に関わってはいけないというのが原則ですね。政治連盟は政治結社だから兵庫県社協とは別物です。政治連盟は県の選挙管理委員会に登記をして自民党だけを応援するということで立ち上げました。２年ほど後にそれに対応するような形で社会福祉議員連盟をつくるということを鷲尾さんが言ってくれて、福祉予算が事務ベースでうまくいかない時に、議員連盟の先生方に頼んで、社会福祉議員連盟として当局に圧力をかけてもらいました。この手法は民生部が嫌がりましたが効果は大きかったです。こういう手法を学んだのは西川さんからです。

県の保育協会の会長をされて、保育推進連盟という政治結社を立ち上げられて、この時の思いなどをお聞かせください。

全彦：福祉の予算は国や県が決めるもの。政治にコミットメントしなければだめだと思いました。何もしなければ相手の良いように操られてしまいます。政治運動をしないといけません。倉敷にある橋本龍太郎氏の育龍会ができて、姫路も戸井田三郎氏の名前をとって育三会を作ろうという話になりました。

［注］平成2年頃、日本保育協会の会合で、市内の園長2人と上京し、議員会館の戸井田三郎事務所を訪問したところ、三郎先生は不在で、秘書の方が橋本龍太郎先生は在室されており、案内していただき、旧議員会館の議員応接室はまことに手狭であったが、倉敷市の保育園の理事長も1人おられたが、橋本先生の隣に座り、いろいろな保育のお話を聞かせていただき、意見も聞かれました。その数年後に、第82，83代の内閣総理大臣をされました。しかし、一緒に訪問した園長2人は、今は鬼籍に入っておられます。

自民党の代議士を応援するために。それを経験した後、貝原さんが知事選に出ると表明されて、私たちは育三会、その時は今みたいに小選挙区と違うので、赤穂も同じ選挙区でした。東播磨は東播磨保育推進連盟を立ち上げ、育三会と合併して兵庫県保育推進連盟ができました。別々に自民党の議員を応援していたのを知事選挙をきっかけに一緒に活動しようという流れになりました。今もそれが続いています。新年福祉のつどいなどには必ず知事と県会議員が出席し、年々私たちと親密になっています。

白鳥南保育園 下手野分園

姫路市保育協会会長に選任される

全彦：昭和47年、戸谷さんが当選されました。その翌年、39歳で姫路市保育園長会の会長になりました。

塚口：外から来たよそ者と言われる人が、39歳の若さで園長会の会長になることにまわりの反応はどのようなものがありましたか。

八寿子：反発もありましたが、女性の方が助けてくれました。園長会でよく発言される人を味方につけていて、助けてくれました。

塚口：西川さんは大きな声で、歯に衣着せず発言されます。これは知らない人が聞くとすごいことを言われるなと驚かれます。付き合って見ると、裏表なくそのままの人柄ですね。

八寿子：付き合ってもらえればいいのですが、そこまで行かない人が言葉も汚いし、なんだ西川は、と言われる方もいます。いつも口は災いのもとよ、絶対言ったらだめよと言って忠告しているのですが。もっと品のいい言い方をしないといけないと。何度言っても治りませんね。

塚口：これが西川さんのいいところですね。

八寿子：そのように言ってくださる方も、割と多いので、それで助かっています。もし何かの時にどうですかと言われた時、私の主人は口は悪いですが、でも人を裏切ったりはしません。本当のことをズバズバ言うから嫌われますが、これが西川全彦なんですと人には言っています。

塚口：西川さんが県の保育協会の会長になられたのが39歳の時ですか。

全彦：姫路市が39歳。兵庫県は43歳の時です。

塚口：その前の保育協会の会長は尼崎の波多正響さん。それはどのような流れでなられたんですか。

全彦：波多正響さんでは駄目だと、貝原さんが知事になられたから西川さんと知事の関係で選んだ方が得策だろうと小林誠和さんや堀尚勝さんが強く推薦し選ばれました。兵庫県の保育団体として、昭和63年5月に、30歳以上離れた尼崎市の最古参の市会議員であった故波多正響会長から引き継いで、兵庫県保育協会会長（43歳）に就任しました。

平成3年8月には、神戸市長田区の兵庫県立文化体育館で開催された故金井元彦知事の県民葬が行われ、竹下登氏ら約2700名が参列した際、福祉関係者の中で、代表して献花をさせていただきました。また、同年（平成2年・満45歳時）12月3日の天皇・皇后両陛下御主催の京都御所でのお茶会に、兵庫県保育団体の長としてご招待いただいたことは、慶弔事に関して、兵庫県より認められ、招待を受けたことによって、名実ともに兵庫県が県保育協会を認知されたと考え、これ以降30年40年と続く当該組織の後輩幹部にとっては、県庁と折衝しやすい団体になったと強く認識しました。

［注］お茶会には、関西を代表する名士が600人程招待されていた。主な招待者は、佐治敬三（大阪商工会議所会頭・サントリー会長）、福井謙一（ノーベル化学賞受賞者）、上村松篁（日本画家）、千玄室（裏千家元家元）夫妻、伊吹文明（元衆議院議長）、沢松奈生子（当時、夙川学院高校生・元プロテニス選手）各氏等。

塚口：私が初めて全彦さんに会ったのが、県の保育協会の会長になられた年の4月。若い会長だなという印象と、ずいぶん威張っている人だなと感じました。話をしたら面白い人でした。

この時分から兵庫県保育協会は、知事にとっては怖い存在になったということですね。組織がどちらに動くかということは、知事にとっても最大の関心事、どのくらい力を入れてくれるのかも関心事。そのことを知事以下のところは忖度して動く、予算も考えるということになっていきます。

全彦：会長就任時には、兵庫県からの私立保育所（約300か園）への助成金は、電話相談事業の200万円ほどであり、1か園1万円にも満たない助成金でしたが、任期の終わる8年後には、県・市町2分の1負担の処遇改善手当助成金等々合計で、6億円ぐらいになりました。歴代知事が配慮をしてくれていました。

塚口：保育協会は最大の施設数を持っていますからね。

全彦：何かで声をあげていかないと、行政、政治家、特に地方自治体の首長は政治の長でもありますし、行政の長でもあります。選挙で選ばれるから選挙の時に頑張るしかない。それが選挙民主主義ですから。

塚口：この当時はほとんど姫路におられなかったのではないですか？

八寿子：泊まりはあまりなかったです。朝に出て夜には帰ってきていました。
塚口：大変じゃなかったですか、その時どのように支えられたのですか。
八寿子：男性の事務員がサポートしてくれて助かりました。一番体調も良かったですし、一番いい時で頂点の時だったように思います。お茶会に行った後ぐらいから、姫路の保育園の園長から、男性の妬み、足を引っ張るようなことが少しずつ広がっていったように思います。人が段々離れていくようになった、と思うようになりました。
全彦：私はよそ者、姫路市の3分の1ぐらいの保育園は、長い歴史があるお寺さんが社会福祉法人の母体です。そういうこともあったのかもしれません。
塚口：西川さんと知り合って、戸井田さんの選挙の話になって、長尾立子全社協の会長さんが応援に来られた。戸井田さんが急に亡くなって、戸井田さんにとっては、姫路で西川さんが頑張ってくれるというのは最大の安心感につながっていたと思われます。
全彦：亡くなる2、3日前に戸井田さんから「選挙頼むよ」という電話がありました。
塚口：その時の西川さんの存在、戸井田さん（厚生大臣までした人）にとって全彦さんの存在は大きかったと推測できます。
八寿子：絶対人を裏切らないし、人のためになることを一生懸命する。私が言うとダメですけど、何でみんなわかってくれないのかと思いました。

塚口：自分の得になるようなことは何もしない。そんなご主人を支えるのは大変でしたね。

全彦：役をしている16年間は、施設を建てませんでした。役得だと言われることが嫌でした。役をして役得はありませんでしたが、人徳は得ました。人儲けはさせてもらいました。それが今も続いています。39歳から55歳まで何もしませんでした。この借金が多くなった原因です。

青山保育園

新たな高齢者介護事業に挑戦

塚口：保育から特養をしようと思われた動機をお聞かせください。
全彦：笹山周作さんの影響ですかね。申請が認められずＯＫが出るのに2年ぐらいかかり5億円でできる予定が14億円かかりました。
塚口：なぜ２年も申請が通らなかったのですか、選考過程を公開してもらったらどうですか。
八寿子：２回目の結果は点数化されてホームページに公開されていました。
塚口：なぜ姫路の法人ではなく、岡山県や大阪府の法人を呼んできたんですかね。挙句の果て完成年度も大幅に遅れましたね。

全彦：役人が50代から上の人は姫路市民が6～7割、神戸市は市外から来る人が3～4割。姫路市職員は4000人くらいいて、そのうち3000人ほどが姫路市内に住んでいます。施設が大きくなることについて妬みがあるのです。それだったら岡山の法人にしてもらった方がいい。県外だとうわさも知りません。妬みや嫉みが役人にはあったと思います。神戸市はそういうことは関係なく、よそ者が多いので公平に見ることができます。姫路は今では試験で決まるから姫路以外の人もいますが、45歳以上だったら子どもが多くいた姫路市内の人だけで採用できていました。そのような感じなので、保守的であまり先進的なことはしないように感じます。政治とは別の意味で、そのようなことが言えます。

八寿子：老人ホームが今回できたのは良かったですが、本当はもう少し前からしたかったです。

塚口：早くしたいのに、承認がなかなか下りなかったのですね。

八寿子：出してから3回ぐらいはダメでしたけど、その10年ぐらい前から言ってたんです。私は辞めておいた方がいい、保育園だけにしておこうと言いました。姫路市の子どもたちを預かって、姫路市でするべきだと。そこまで手を広げたらわけがわからなくなります。私がずっと、反対していました。全彦から笹山周作さんがいろいろ言って来てくれていると聞いて、考えが変わってきました。今となっては、もっと早く取り組んでおけばよかったと思っています。

塚口：笹山周作さんが、姫路市内の社会福祉法人経営者の中で一番信頼されている人は、全彦さんではないかとみています。「あの人は口は悪いけど裏表がないので信頼できる。あまり細かいことに気をつかわない」と日ごろ言っておられます。全彦さんの人柄が良いからですね。

全彦：あんまり気を使っていたら、政治力が発揮できません。家では奥さんの言うことを聞かないといけませんからね。

特別養護老人ホーム「あおやま」

これからの保育はどうあればよいか

全彦：企業内保育所もある程度の数できておりますが、専門家がいないので東京の保育専門の株式会社に任せています。人材をどのように採用して企業内保育所の職員にするか、誰が面接するのか、誰が人材を発掘するのか。2か所や3か所だったらできるかもしれませんが、100か所、200か所になったら管理することは難しいと思います。反対に私たちの認可保育所もこれから少子高齢化によって子どもが減ってくるので、地域によっては子どもがいないから定員を減らして閉鎖しないといけない状況になった頃に消費税を導入し、その翌年の4月からは3歳から5歳の幼児教育を無料にすると言われています。幼稚園が閉鎖に追い込まれます。最近のお母さんは昼食を作るのが面倒ですから、保育所だったら昼食が出ますし、預かってくれる時間が長いです。幼稚園は時間が短い。毎日になると大変です。保育園の方が1日のスケジュールが立てやすいです。保育園の方が活用されて、特に公立の幼稚園は閉鎖に追い込まれるかもしれません。姫路は公立幼稚園が三十数か所あります。

八寿子：校区には必ず幼稚園があります。20人以下の年度が3回続いたら、廃止になってしまいます。青山はありますが白鳥校区はもうありません。青山も現在15人なので、近い将来なくなることが予想されます。

塚口：今後の保育園経営の在り方も問われてくると思いますね。

八寿子：同じ青山校区で、幼稚園が15人で、保育園の4歳児が40人、5歳児が57人です。競争の部分があり、お母さんたちに選ばれる努力をしています。

塚口：この努力は大変ですね。

八寿子：この努力が親のためになっているのかと疑問に思うこともあります。

塚口：モンスターペアレントの問題はどうですか。

八寿子：たくさんいらっしゃいます。

塚口：親に対する教育が必要ではないですか。

全彦：親教育は絶対に必要だと思います。カブトムシ臭がする子どもがいます。お風呂に入れてもらっていない状態で体臭が匂う状態です。

八寿子：その子が、顔色が真っ白になって唇の色もなく、お腹が空いたと言ってバタリと倒れました。救急車を呼ぶことも考えましたが、子どもの様子に少し演技が入っているような感じもあったので、少し様子を見て、ご飯を食べさせたらお腹が空き過ぎてご飯が食べられません。低血糖の状態だったようで、祖母に迎えに来てもらいました。子どもにとって一番大事なことは食事を与えること、清潔な環境、今だったら小さいので周りの子どもたちは気にしませんが、小学校に行くと臭い子はいじめられることがあるので、そのようなことがないように。お母さんは17歳の時に独身で産んでいるので、経験が浅くわかりません。この保育所は10代で産んだお母さんが多いです。特定妊婦として市でも状況の把握が行われ、市からも保育所に様子を教えてほしいという連絡が入ります。どの子も問題があって、若くに産んでいると、できていないところもあるので、保育園で力になろうとするのですが、拒否感が強くほっておいてほしいという反応が返ってきます。

塚口：保護者とのつながりはどのようになっていますか。つながりを持つことは大事だと言われますが、非常に難しいと思います。

八寿子：昔の親と今の親はまったく違います。

塚口：保護者会などはされていますか。

八寿子：保護者会は会計だけ保護者からなってもらって管理しています。何かの時に集まるということはありませんが、行事の時に子どもたちに同じものを渡すだけで。

塚口：保護者会をやっても集まる時間がないとか、余裕がないのでしょうか。

八寿子：嫌だとはっきり言われますね。

塚口：自分の子どもが保育園に通っている時に、保護者会は親としては一番大事なものだと思うのですがね。

これから園児が減っていく状況を迎えますが、その時保育園としてどのように将来の舵取りを考えておられますか。

全彦：ある部分は高齢者のグループホームやデイサービス、訪問介護の中継所などに切り替えます。6か所のうち2つぐらいは切り替えを余儀なくされるかもしれないと思っています。私の命が尽きた後かもしれないし、それより前に来るかもしれないしそれはわかりませんが。

八寿子：もう10歳ぐらい若ければ、いろいろすることがあるのかもしれませんが。

塚口：保育園は子どもが減っていくと成り立たないということになりますが、今の保育園から就学前教育の場になっていくようなことはできないのですか。保育に欠けるという条件を抜きにして。

八寿子：認定こども園だったら可能です。これからはみんなが入れるようになっていくと思います。選ばれる保育園になる努力をしていかないといけないですね。

塚口：公立の幼稚園は利用者が減ってきています。保育園は今のところ維持している状況ですね。

八寿子：幼稚園だったら早くても8時からお昼ぐらいまでで終わってしまいます。保育園は7時から19時です。お母さんの仕事に合わせてそのような時間帯になっていますし、夏休みや土曜日もあります。お母さんにとって安心のできる所としての存在。少し考えるところが残っているのですが、夕ご飯を食べさせてないみたいなので保育園で食べさせています。少しおかしいと思うのですが、その子にとってはその方がいい。家にいるより保育園にいる方が幸せかもしれません。

全彦：夕ご飯を食べさせるような対応を保育園が担うニーズが高まっているのかもしれませ

ん。ギリギリの環境で生活している子どもが多くなっています。昔と今を比べると、親の間の所得格差がものすごく広がってきているように思います。
塚口：保育園のどのようなところで実感されますか？
全彦：所得によって保育料が異なるのでわかります。
八寿子：意外と生活保護の家庭の方が良い生活をしている場合があります。親が子どものお金を使ってしまっていることもありますが。シングルの家庭も多いです。市や児童相談所から子どもの様子を教えてほしいという連絡もよくあります。シングルと言っても、籍が入ってないだけでパートナーがおられる方がほとんどです。
全彦：この30年、40年で社会は乱れてきたと思います。ヨーロッパ並みになってきました。
八寿子：担任の先生が一番子どもと保護者のことをわかっていますね。服を着替える時に背中に何かがあるとか。最近は近所の人が訴えます。泣き声が聞こえるから虐待が行われているのではないか。近所の人の行為を有り難いと思っていたらそうではなくて、家同士が仲が悪くて、すぐ警察へ連絡したりすることもあります。難しいなとつくづく思います。
塚口：これからの保育園事業の将来はどのように考えたらよいのでしょう。子どもは減ってきて、親も問題を抱えている。

全彦：子どもが親と関わっていない。お母さんが外で働いていたりするので、どこかで親業を習いに来ないといけないのではないかと思います。19歳の巡査が交番で銃を撃った事件、ちょっとしたことで腹を立てたのではないかと思います。相手が突き詰めて怒ったわけではないのに、子どもの頃から怒られたことがない。勉強ができる、できないは別にして。そのように想像してしまいます。小さい頃の段階的なしつけができていないまま大人になっています。

塚口：今の子どもの問題を考える時に、親の在り方がポイントになるようですね。

特に、親の教育が大切だと思います。保育園として親の教育はどのように取り上げたらよいのでしょうか。

八寿子：子どもはお預かりして、褒めて保育して良い方向に持っていけますが、親はそうはいきません。

どのようにして親教育をすればよいのか、強制的にこのようにしなさいと言うことも言えません。やはり子どもたちの教育をしっかりして、その子どもたちが大人になった時に良いようになっているようにするしかないのかと思います。

塚口：子どもにとっては親が親としての役割をはたしてくれないと不幸だと思います。そのようなことも含めて、親としての心構え、もっと言えば子を育てる覚悟がないと思います。

全彦：私たちの時代は、中学校を卒業したら半分以上はそこで終わりです。高等学校、大学に行く人は半分以下でした。今はほとんど行くのに出来が悪い、道徳心はない、勝手なことを言う。子どももその姿を見て受け継いでいます。そのようなことはずっと引き継がれます。貧しい子が貧しい経済状況を引き継ぐのと同じです。非常に困った問題だと私たちは思っています。

塚口：保護者会があっても集まってきません。手のつけようがありません。保育園が母親教育や両親教育を行う拠点にならないといけないのかなと。学校教育に任せてもそこのところは改善していきません。今年から道徳科目が必須科目になりました。その成果がどうあがるかわかりませんが。

全彦：成果を見ようと思ったら、10年、20年先になるかもしれないですね。

八寿子：保育士の質が落ちてきています。なぜか考えてみると、大学や短大の売りとして卒業時に資格が取れ、資格を与えて卒業させます。養成校の先生もあまり勉強をしないとおっしゃられています。それで資格を持って卒業させても大丈夫かと思いますが、現状はそのような感じです。

塚口：学校も経営だからということでしょうね。

全彦：保育の分野だけではなく、社会福祉全体に質が落ちているように思います。

八寿子：養成校は経営のことばかりに気を取られているように感じます。

全彦：保育園の将来を考えるとき、園児が20名、30名以下になると経営は難しくなると思います。0歳から5歳までが平均して最低100人ぐらいいないと。現在は500人ほどいますが、100人以下になると考え方も小さくなります。収入が少なくなります。40年前の保育園と同じで、小さな考えになってきたら、子どもにも良い保育はできません。平均で100人ぐらいを維持していくためには、自然淘汰が起こっていきます。選ばれる努力はしないといけません。自然淘汰は避けては通れない道だと覚悟しています。

塚口：子どもの絶対数は減少していきます。子どもにかかわる事業は衰退していきます。

全彦：今の数は必要なくなるということですね。

塚口：しかし、保育事業そのものは必要です。将来どのように見ていけばいいでしょうね。

八寿子：選ばれる努力が大切だと思います。保育士も資格を持っているだけではなく、キャリアを積んで専門性を磨いていく努力をしていこうと話しています。人数が少ない保育園では質の高い保育ができないように感じます。

塚口：特養も地方では利用者が集まらないということが言われています。今の高齢者があの世に行ってしまうと次がない状況です。保育も教育だと思います。養育をする中で子どもたちが成長していく。相互に思いやる心、助け合う心、他人と協調できる心を養えたら最高です。こうした心情は一家庭の中だけでは養えません。保育事業は、こうした人間形成の大きな役割を担っていると考えています。国もこのことを考えた保育行政を進めるべきだと思います。経営手腕だけに委ねているだけでは済まない状況がすでに生まれてきています。

話が変わりますが、今日の保育士の養成は、第三者の教育機関で教育をして、そこを卒業した人を就職させるというやり方をしていますが、社会福祉法人自らが保育士を養成する学校を作って保育士を自家養成したらどうかと思っているのですがどうでしょうか。

八寿子：私たちもできたらよいなと話しています。

塚口：養成学校で儲けないで、必要な人材を確保し教育するというようなことをやっていく時ではないかと思います。

八寿子：実は具体的に仕事帰りに来れるような駅の近くのビルの一室で夜間部屋を借りて資格を取れる学校を作ったらどうかと考えたことがあります。

全彦：今は楽をして一生暮らしたいと思っている人が多いので難しいでしょう。昼間働いて夜間勉強しようというのは今の若い子はしないと思います。

塚口：第三者が養成するのではなく、自らが必要な人材を養成して、安い授業料ですというのはどうでしょうかね。

八寿子：私は賛成です。

塚口：子どもが減っていっても、きちっとしたことができる。ビジョンが描けるような。西川さんに当事者養成を期待したいです。

研究活動を主導

塚口：私が全彦さんの先見性に驚いたことがあります。全彦さんにも思い起こしてほしいのですが、平成5年の初頭に、兵庫県社協で社会福祉法人制度改革の方向性について論議をするための懇話会を設置することになりました。このきっかけは、全彦さんをはじめとした金附洋一郎さん（当時は神戸聖隷福祉事業団理事長であったと思います）などが福祉サービスの提供主体に広がりができ多様な供給主体が福祉事業に参入してきている状況を見るとき、社会福祉法人が今まで通りの体制と事業展開を守り続けていては社会変化から遊離してしまうのではないかとの危機感から、社会福祉法人の今後の見通しを論議する必要があるのではないかとの意向を私に話されました（私は当時、兵庫県社協ならびに兵庫県社会福祉施設経営者協議会の事務局長をしておりました）。私はその意見を受けて前述の法人問題懇話会を設置したのです。段々と思い出してこられたと思いますが……。

全彦：思い出しましたし、その資料があります。

この懇話会は、大体1年かけて論議したと思います。懇話会委員は、私の意向も含めて、西川全彦（姫路青山福祉会理事長）、前出の金附洋一郎、門口堅蔵（愛光社会福祉事業協会理事長）、今井幸夫（みかたこぶしの里理事長）、蓬莱和裕（ゆたか会理事）、関川芳孝（北九州大学助教授）を選任していただきました。

塚口：この論議の内容は、全文掲載したいと思います。平成5年当時に論議した内容としては非常に先見性に富んだものでした。

全彦：自由にしかも闊達に意見を述べ合うことで先見性に富んだ論議の中身になったと思います。

八寿子：主人は、時にはとんでもない意見を吐くことがあるのですが、よくよく考えてみるとなるほどと思うことが多くあります。そういう機会を塚口さんから与えられたことが良かったと思います。

「社会福祉法人制度改革の展望」
―法人経営のパラダイムシフトへの提言―

社会福祉法人制度改革の展望

法人経営のパラダイムシフトへの提言

社会福祉法人 兵庫県社会福祉協議会
法人問題懇話会

55　研究活動を主導

はじめに

二十一世紀を真近にして、社会福祉サービス供給体制の再編が進められている。なかでも、サービス供給主体の多元化の動きは顕著である。いわゆるシルバービジネスに限らず、社会福祉法人以外の非営利法人も福祉事業の分野に参入してきている。たとえば、農業協同組合法が改正され、農協も老人福祉事業を行えることになった。さらに、医療法人についても、医療・保健にかぎらず福祉サービスも提供できるように、事業範囲の見直しが進められている。今後の社会福祉法人としては、このような新しいサービス供給主体と競合し事業展開を行っていかなくてはならない経営状況におかれてくる。これにともなって、社会福祉法人にも、おのずと新しい「経営の発想と手法」が求められてくることになろう。

このような経営環境のなかで、社会福祉法人の役割も、戦後の法人制度が設けられた時代と比べるならば、大きく変容を遂げている。すなわち、戦後の混乱期においては、主として低所得者を対象とした救貧的事業の経営を任されていた社会福祉法人ではあったが、今日の社会福祉法人には、地域福祉の核として普遍的なサービス・ニーズにも積極的な対応が期待されている。社会福祉法人の経営も、措置制度を基礎にした事業経営にとどまることなく、各地域全住民の期待に柔軟に対応できる「ニーズ対応優先型」の事業展開が望まれる。

しかし、現行の社会福祉法人制度は、国及び地方自治体が公的責任において福祉サービスを供給するという枠組のなかに深く組み込まれている。このことに起因して、新しい福祉ニーズに柔軟に対応しようとするにあたって、従来の社会福祉法人に対する数々の規制が障害となる場合も少なくない。これとともに、社会福祉法人にあっても、措置制度のもとで事業経営が「安定」していることから、新しい福祉ニーズに積極的に対応しようとしない風潮も一部にみられる。

このような措置制度依存型の法人経営の体質を改め各地域において戦略的な事業展開を行うためには、法人経営者の大胆な発想の転換とともに、社会福祉法人制度を根本的に見直すことが必要であるように思われる。そこで、兵庫県社会福祉協議会では昨年九月に法人問題懇話会を設置し、「新しい法人経営に求められる制度の見直し」をテーマに、兵庫県社会福祉施設経営者協議会とも連携して法人制度の検討を行ってきた。そして、法人経営のパラダイムシフトを行うにあたって、社会的流れとなっている規制緩和は、社会福祉の分野においても福祉サービスニーズに対応したよりよい福祉サービスを提供し、活力ある施設運営を展開するうえで今日重要な課題となっているとの考えがまとまった。

社会福祉法人に対する規制の緩和は、法人による健全かつ活力ある経営努力に委ねることを求めるものである。したがって、社会福祉法人には、その公益性を自覚して適正な法人運営に努めるべきことはいうまでもない。不正を行う法人には厳しい制裁措置がとられてしかるべきである。しかし、地域ケアの拠点として地域住民の期待に応えていくためには、社会福祉法人に問われている責任を十分に自覚しながらも、新しい経営環境を必要としている。今後、社会福祉法人としては、自主規制を徹底するとともに質の高いサービスを提供するダイナミックな事業展開をなしうるよう希望するものであり、以下のような制度の見直しを提言する。

適正な役員報酬は法人活性化のカギ

地域のニーズに柔軟に対応した事業を展開するには、法人の最高意思決定機関である理事会の活性化が必要である。理事会は、少なくとも年六回程度は開かれる必要があろう。理事の構成についても、法人経営に実質的に参画できる理事の選任が求められる。理事には、社会福祉に

シルバービジネス
高齢者を対象に有料で提供するサービスや商品を取り扱う産業。（有料老人ホーム、福祉機器、介護保険、旅行等）

パラダイム・シフト
基本的な枠組みの転換。

通じているとともに、優れた経営感覚や専門的知識、資金調達力をもった人の選任が望まれる。これにともなって、理事には、その職務にふさわしい報酬が支払われる必要があると考える。このような条件が整備されてこそ、それに見合った責任体制が確立されるといえる。

しかしながら、理事の報酬については、実費弁償程度の支払いが許されるだけである。法人複数施設の経営をめざす法人にとっては、常務理事の配置など法人本部の体制づくりが必要とされている。法人役員に対する報酬は、法人会計に繰り入れられた措置費部分も含めて法人本部財政の許す限り、原則として自由に支払えるように改正することを提言する。

定款準則の大綱化を

社会福祉法人は、新たに法人を設立するときには、社会福祉事業法第二十九条の規定にしたがって法人の定款を定め、都道府県知事の認可を受けなければならない。さらには、新たな事業を行うに当たっても、定款の変更が必要であり、同様に認可を必要とする。定款の作成・変更には、定款準則にもとづいて行うことが指導されているが、法律が定める以上に細かな定めをしている。現行の定款準則は大綱化し、法人独自の裁量により定められる範囲を広げることが望ましい。

定款準則は、法人としても、ひとつの「定款モデル」としては参考にすべきであろう。しかし、定款準則にもとづく行政指導については、定款が法律に違反するものであるかどうか、および法律が定める必要記載事項が洩れていないかに限定されるべきであろう。それ以外の部分については、あくまでアドバイスとして行うよう徹底されることを提言する。

「法人基本財産保全機構（仮称）」の創設を

法人の解散・合併については、社会福祉事業法第四十四条以下に定めるところとなっている。社会福祉法人の経営基盤を強化する方法としては、複数の法人が合併し、複数施設の経営に当たることが考えられる。しかし、現行制度のもとでは、このような社会福祉法人のリストラに対する制度的な裏づけが乏しいように思われる。適切な後継者がみつからず法人の解散を検討している場合にも、最終的に残余財産が国庫に帰属することに躊躇してしまう例も少なくない。これらのことを考えると、福祉事業の経営に熱意をもてなくなった法人経営者に対して、引退の機会を保障することが、最終的には利用者および地域の住民にとっても有益であると考える。

社会福祉施設の整備には、整備費の3/4に対して公費助成が図られている。しかし、土地などの基本財産部分については、創設者個々人が財産を寄付するということで形成されるのが一般的である。この部分を含めて全額国庫に帰属するという解散手続きを見直すことで、法人のリストラが進むものと期待できる。そこで、新たに「法人基本財産保全機構（仮称）」を設けて、この「法人基本財産保全機構（仮称）」が、解散を希望する法人から残余財産を引き受ける仕組みが考えられる。そこで、かかる法人役員に対して帰属財産に応じた支払いを行うことができるものとする。さらには、こうして「法人基本財産保全機構（仮称）」に帰属した財

リストラ
リストラクチャリングの略＝経営資源の再編成、再構築。企業の経営環境の変化に対応して短期間に経営構造や企業行動を改造すること。

産が、「法人基本財産保全機構（仮称）」をつうじて他の社会福祉法人に適正な価格で譲渡されるならば、新たな社会福祉事業の展開にも寄与することができる。

地域ケアの拠点として新たに事業展開するために

社会福祉事業の範囲については、社会福祉事業法第二条に定めるところとなっている。これら一種および二種事業全体を概観すると、公的な福祉サービス事業と生活困窮者に対する救貧事業からなっている。しかし、自由契約によるサービスの提供など、これからの福祉事業は、地域のニーズに柔軟に対応することが望まれており、むしろ同法第二十五条の定める公益事業に含まれる領域が拡大して行くものと思われる。社会福祉事業法におけるこれらの位置付けを今一度検討する必要があるように思われる。

ところで、今日、社会福祉法人は、地域福祉の拠点施設としての役割が期待されている。しかし、将来的には福祉・保健・医療といった領域まで対象を広げてダイナミックに地域ケアの拠点としての役割を担えるように社会福祉事業の範囲を拡大することが望まれる。地域における在宅ケアの拠点として事業経営を行うことを希望する法人もあり、在宅医療の拠点施設としての機能をもった診療所を併設できるように改めることを要望する。

したがって、既に今日の時代状況に合わなくなった「生活困窮者に対する無料又は低額な料金で診療を行う事業」は、この観点から見直す必要がある。

措置費単価の決定は協議会方式で

措置制度のもとでの事業については、社会福祉事業法第五条が社会福祉法人に委託することを認めている。措置権者である地方公共団体と社会福祉法人との関係は、法律的には契約関係によって構成できる。この法律関係のもとで支払われた措置費は、その委託された業務遂行の対価である。措置費については、このことを十分に尊重される必要があり、より一層の措置費運用の弾力化が望まれる。

さらに、福祉施設関係者の間には、「措置費の積算内容が明らかにされていない」「在宅福祉に関する事業単価があまりに低すぎる」との意見が支配的であり、単価決定のあり方に強い不満がある。これらのことから、現在の措置費等の単価決定のあり方については、対等な契約関係の一方当事者である社会福祉法人の意見がより尊重される方式がとられることを希望する。具体的には、措置費単価等についても協議会による決定方式をとり、社会福祉法人の利益代表者からの意見を聴取することが望まれる。措置費等の単価の算出や決定についても、よりオープンな形で議論することが望まれる。

これらの手続きのなかでの議論が公表されることによって、福祉サービスのコスト意識が国民のなかでも生まれてくるものと思われる。さらに、社会福祉法人としても、国民が納得して負担できるコストの範囲内で福祉事業を経営できることを、法人経営のモットーとすべきであると考える。

福祉サービスのコスト
福祉サービスの提供に要した費用、経費。

社会福祉法人制度改革の展望

法人経営のパラダイムシフトへの提言

公益事業・収益事業の規制緩和を

社会福祉法人が行う公益事業及び収益事業については、社会福祉事業法第二十五条で定めている。ここでは、「その経営する社会福祉事業に支障がない限り」原則として認めるものとなっている。しかし、「社会福祉法人の認可について」における収益事業についての規制は、あまりに厳しすぎるように思われる。たとえば、「当該事業は、当該法人の行う社会福祉事業に対して従たる地位にあることが必要であり、社会福祉事業を超える規模の収益事業を行うことは認められないこと」となっている。「社会福祉事業を超える規模」で収益事業が行われた場合に、直ちに法律上定める「その経営する社会福祉事業に支障」が生ずるものとはいえない。また、「社会福祉事業を超える規模」という要件も、財政規模をいうか、定員ないし利用者数をいうのか定かではない。利用者に対するサービスの低下など問題が生じる恐れがある場合には、社会福祉事業法第五十五条の停止命令によって対応すればたりる。したがって、かかる事業規模の制限については、法律上の根拠のない行政指導のように思われるので、撤廃するよう要望する。

さらには、借入金の償還が収益事業の主たる目的であってはならないとするが、かかる規制についても必ずしも法律上の根拠が明らかでない。本体事業にかかる物件についての借入金の償還は、社会福祉法人にとって最も基本的な経営問題であり、「その収益を社会福祉事業の経営に当てることを目的とする収益事業」の性格からみても、当然に認められるべきものと考える。

また、施設の空きスペースなど、本体事業を利用して収益事業を行う場合にあっても、「その経営する社会福祉事業に支障がない限り」において、有効活用できるよう規制の緩和が望まれる。このような事例にあっては、必ずしも社会福祉事業の資産減少につながるものでないので、当該資産との明確な分離の要件は緩和する方向で見直すことが望ましい。

監査の規制緩和を

各都道府県が行う法人監査・施設監査には、必ずしも法律上の根拠が明確でないと思われるものが少なくない。また、厚生省の通知・通達についても、同様である。新たに行政手続法が成立したので、法律上の根拠に乏しい監査については、撤廃するよう要望する。

まず、法人監査については、社会福祉事業法第五十四条で定める「法令、法令に基づいてする行政庁の処分及び定款が遵守されているかどうかを確かめる必要があると認められるとき」に限って、行うことのできるものである。つまり、あくまで「法令」「法令に基づいてする行政庁の処分」「定款」の三つの事項に関し、これらが遵守されているかどうか疑義があり、それを確かめる場合に限って監査することが許される。厚生省の通知通達にもとづく行政指導は、いずれにも該当しないので、この観点からも法人監査を見直すよう要望する。さらには、少なくとも常日頃から健全な法人経営が行われていると認められる法人については、毎年ごとの法人監査を免除することが求められる。

次に、施設監査については、社会福祉事業法第六十九条で定める「調査」とし

て行うものと考えられる。これについては、施設の物的構造、職員配置、措置費の使途について細かな監査項目が設けられている。施設監査は、昨年から監査方針が改められ、サービス内容重視の施設監査に変更されてきているが、今後ともこのような方向で施設監査を行うことを希望する。

アメリカでも、ナーシングホームについての監査は、サービス重視に変わってきている。それとともに、施設が準備すべき書類が多すぎることが問題とされ、監査内容も施設の物的構造、職員配置、会計について細かな監査項目が簡素化されている。わが国においても、サービス内容に関係せず重要でないものは、監査事項から外し簡素化する方向で検討し、法人や施設の活力を生み出すような監査が望まれる。

施設の建てかえには、減価償却の導入を

措置費制度の弾力化については、既に指摘したところであるが、なかでも老朽化した施設の建てかえ費用に関して、特に制度的な配慮が望まれる。このような経費は、措置費運営の弾力化によって、本来病院などにみられるように減価償却によって対応できることが求められる。福祉施設経営においても、将来の施設の建てかえに備えて、措置費の運用のなかで相当額の減価償却を認めることは、理論的に困難なことではないと考える。

もっとも、現在既に老朽化している施設においては、減価償却が認められても経営努力により必要な資金を確保できない。しかも、このような施設を経営する法人のなかには、新たに莫大な借り入れを行うことに躊躇している例も少なくない。しかし、施設の建て替えが延ばされることによって、新設施設と老朽化した施設とでは、利用者サービスに著しい格差が生ずることになる。このような事態を解消するためにも、当面施設整備費十割の補助が是非とも望まれる。

新たな財源調達方法の導入を

社会福祉法人が行う公益事業や収益事業に関わる施設整備費についても社会福祉・医療事業団の融資対象とするとともに、さらに低額な利子により事業資金が調達できる方法を検討することが望まれる。たとえば、アメリカでは、病院やナーシングホームが民間投資の対象とされている。これは、病院やナーシングホームの整備費用を貸し付け、信託会社をつうじて物件に設定した抵当権を証券化し民間の投資家に投資を求めるという方法がとられている。このような方法により、

ナーシングホーム
わが国の特別養護老人ホームに相当する施設。アメリカ等では介護、看護を必要とする老人については、医療体系のもとにあるナーシングホームで援助する。

減価償却
建物等の購入金額を、その時点で全額経費としないで、これらの資産が使用できる期間に配分して経費とすること。

社会福祉法人制度改革の展望
法人経営のパラダイムシフトへの提言

民間投資家の資金が、社会福祉法人にも財源として調達できる方法が探られることが望ましい。

職員配置の弾力化を

社会福祉法人の経営においても、サービスの低下を招かずに、人件費コストをいかに低く押さえるかが、重要な経営問題となっている。しかし、保育所などでは、パートの雇い入れが比較的厳しく制限されていることから、優れた人材を確保することが困難な場合がある。このためにも、パートの積極的な活用ができるよう、より一層の職員配置の弾力化が望まれる。最低基準に定められている職員配置基準についても、サービスの低下を招かないことを条件に、常勤換算でのパートの配置を今後とも許容することが望まれる。

おわりに 慈善博愛事業を越えて

戦後、社会福祉法人制度が創設されて既に四十年以上が経過する。新しい憲法第二十五条生存権保障の枠組みのなかで、戦前からの民間の篤志家による慈善・博愛事業も、この社会福祉法人による社会福祉事業として再編された。多くの民間社会福祉事業は、戦前からと同様に「福祉の心をもって社会の弱者を救済する」ことを事業精神としてきた。

社会福祉施設の主たる役割がこのような社会の弱者を救済し最低生活を与えることにあった時代は、既に終わっている。国民全体の生活水準が向上し、現代社会における福祉のニーズも普遍化している。社会福祉法人には、より高度化・多様化する普遍的な福祉ニーズにも柔軟に対応できる組織づくりが求められている。

この懇話会による提言は、これからの社会福祉法人のあり方として、自らの経営努力によって、新しい時代のニーズに応えて利用者重視のサービスを提供できる法人を理想としている。社会福祉法人の組織運営のあり方も、企業経営の発想や手法を部分的に取り入れるなど、徹底した発想の転換が必要である。そして、社会福祉法人による経営努力をひきだす制度環境の創造こそ、二十一世紀に向けた制度改革の課題であると思われる。

法人問題懇話会委員

金附　洋一郎　<神戸聖隷福祉事業団理事長>
西川　全彦　<姫路青山福祉会理事長>
門口　堅蔵　<愛光社会福祉事業協会理事長>
今井　幸夫　<みかたこぶしの里理事長>
蓬莱　和裕　<ゆたか会理事>
○関川　芳孝　<北九州大学助教授>

ゲスト委員
小室　豊允　<姫路獨協大学教授>

（○は委員長、順不同、敬称略）

61　研究活動を主導

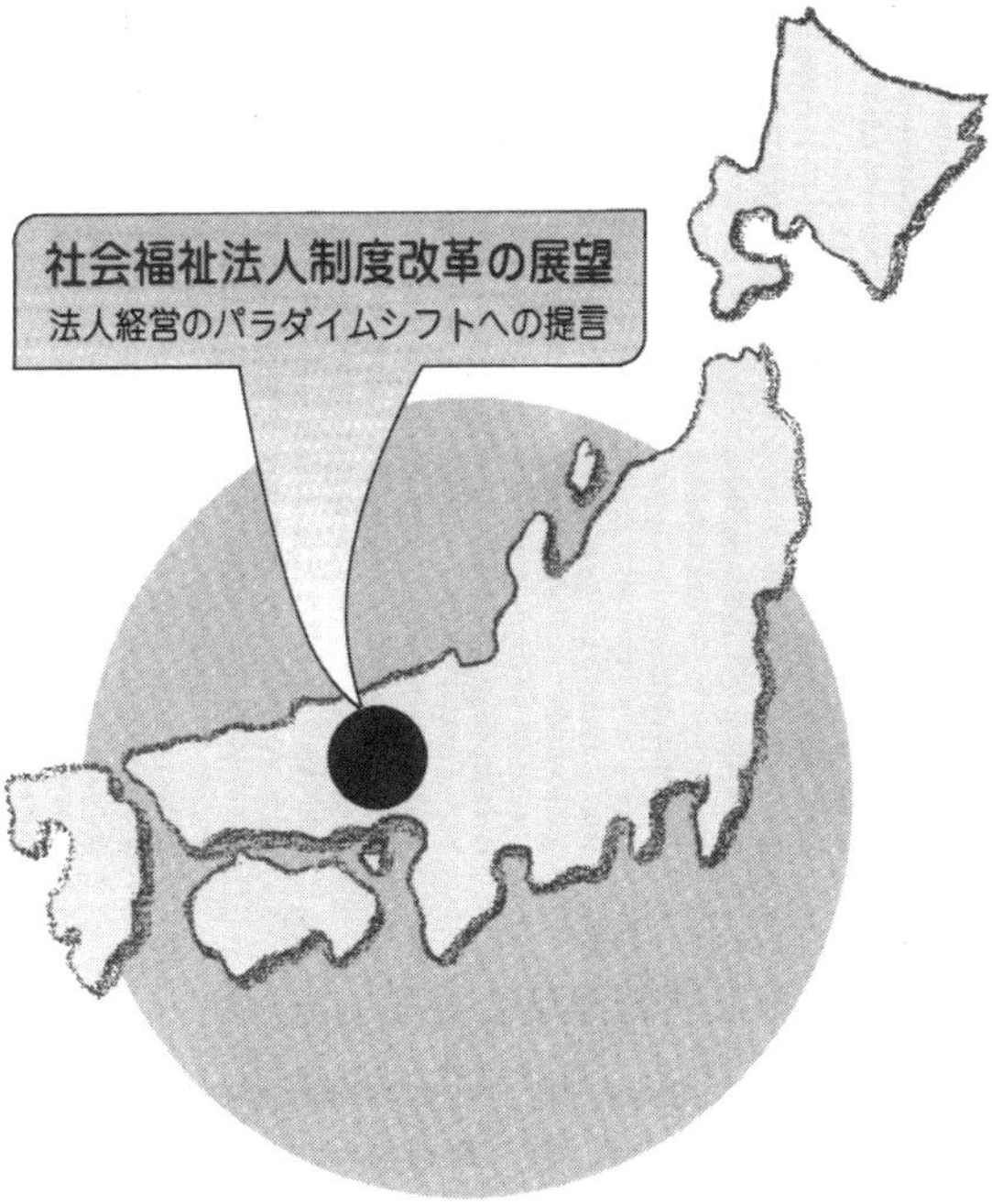

発行日　平成6年3月
発　行　社会福祉法人兵庫県社会福祉協議会
TEL(078)242-4633
FAX(078)242-4153

他法人の再建を援助したつもりが

塚口：話は変わりますが、全彦さんは危機的状況にあった他法人の再建に努力され、その結果が、その法人のオーナーから訴えられ最高裁で敗訴されるという苦渋を味わわれた経験がありますが、よろしければその状況をお話しください。

全彦：あれはもうだいぶん前になりますが、私の園の保護者であった方から、姫路市にあったH法人が経営する特養をめぐって不正行為があり、その特養の存続が危ぶまれているので助けてほしいと要請されたのです。

八寿子：主人、全彦はノーといえばよかったのに、その要請を受けたのです。

全彦：その法人は、特養建設の際、国庫補助金を不正に受け取ったことで所官庁である県からその返済命令が出されていた法人です。その当時の国庫補助は建設費の4分の3出ていました。この事件の本質は、建設設計業者と建設業者がつるんで法人のオーナーを不正に巻き込む手口がよくありました。この事件もその類の一つです。

塚口：その役員に就任されたのですか。

全彦：そうです。平成17年5月に理事長に就任しました。私以外の理事はそのままでした。結局、不正を行ったオーナー理事長は辞任したのですが、ほとぼりが冷めれば復帰できると考えていたのでしょうね。それまでも、オーナー一族で理事長をたらいまわししていたのです。再建のための理事会を招集するのですが、オーナーに関わる一定数の理事が出席しないのです。ですから理事会が成り立ちません。何回招集しても同じです。これでは一歩も前に進みません。そこで焦りが出て理事会が成り立ったことにして前へ進めたのです。これがいけませんでした。成立しない理事会を成立したことにしたことが、不実記載ということで元理事長であった一族から訴えられたのです。

塚口：その苦労しておられる段階で行政側の援助はなかったのですか。

全彦：私は落下傘で旧理事がいる中へ降下したようなものです。本当は、不正があった段階で理事も総辞職すべきだったと思います。行政はその指導を行いませんでした。ですから、不正事を起こした当時の理事はそのままいて、そこへ私が乗り込んだ、という態です。

不正の責任を取ってオーナーである理事長は辞任したのですが理事はそのまま残りました。しかもその理事はオーナーの息がかかった者ばかりです。

私は、社会福祉法人の理事は「良識ある人物」と思い、ことを進めようとしたのですが、この「性善説」は通用しなかったですね。

塚口：当時の社会福祉法人は、今もそうですが、オーナーの権限は非常に強く、役員もオーナーのお気に入りの人たちがほとんど、という状況です。この状況は、社会福祉法人の公共性を担保しにくい環境とも言えますし、何よりも、役員会の相互牽制の機能が働きにくい状況とも言えますね。

全彦：私もオーナーの一人ですが、公共性や公平性には細心の注意を払う必要があると思います。特に、オーナーとしての立ち位置を何時も厳しく自らが検証し続けないといけないと考えます。このかかわりを通して私は多くのことを学びました。

特に、法治は近代国家に不可欠な条件ですが、法の整備が社会情勢の変化に即応していないことが問題です。ですから法に定めた枠から外れる事案は、無理やり法の枠に当てはめようとします。当てはまらない場合は、およそ世間の常識を超えた軽い罪に判決されるか、犯罪の本質をゆがめた判決になる場合もあるように思います。

塚口：その通りだと思います。名神高速のあおり運転で両親がなくなる悲惨な事件がありましたが、危険運転致死罪は、車が走っていて適用される罰ということで、追い越し車線で無理やり停車させられた。その時、車は停止していたので危険運転致死罪の適用外、と弁護士は主張しているようですが、「あおり運転自体が死を招く危険極まりない犯罪」という、あおり運転に対する直接的な対応ができないという法制定の遅れがあります。だからこうした場合の法治は今ある法の枠に当てはめて裁く以外に道がないのです。全彦さんが直面した裁判はこうした要因を含んでいるのではないですか。

全彦：近代法治は、大岡裁きができないのです。近代法治の裁きを補うために裁判員制度が生まれたと考えます。大岡裁きは、「庶民の常識」を活かす裁判です。社会福祉法人の犯罪、特に、社会福祉法人の公共性を歪める事件に対しては裁判員制度を採り入れたらどうかと思います。そうすれば、私の罪として問われた不実記載は違ったものなっていた可能性もあります。

姫路市社会福祉法人経営者協議会会長として

塚口：全彦さんが経営者として高く評価されているもう一つの側面は、自分の法人のことだけでなく、姫路市の社会福祉法人経営者協議会（以下「経営協」という）の会長として市内の社会福祉法人の経営の向上に大きく貢献されていることです。

とりわけ、社会福祉法人経営者を対象とした「経営セミナー」の開催です。どんな思いでこうしたセミナーに取り組んでおられるのかをお聞きしたいと思います。

八寿子：主人は、他法人の経営のことについても我がことのように心配したりしています。経営協のセミナーについても社会福祉に関わることだけでなく、経営者としての人間形成に役立つような内容にも配慮しているようです。この真剣さには頭が下がります。少し褒めすぎですかね。

全彦：セミナーは毎月開催しています。社会福祉をめぐっても情勢変化は大きなものがあります。社会福祉法人経営者はこうした社会情勢の変化を踏まえてより適正な経営に心を砕かなくてはならないと考えております。姫路市経営協の会長として会員に学習の機会を提供することは至極当然のことだと考えております。

塚口：社会福祉法人の経営者は、その外に県段階、全国段階、各業種別のそれぞれの段階で「学ぶ機会」は多くあると思いますが、それが上手に活かされているとは言い難いように思いますが。

八寿子：提供される学習内容にもよると思います。厚労省が提示する方針だけをオーソライズするような学習内容だけではだめだと思います。社会福祉情勢を踏まえたうえで明日からの方向付けにヒントを与えてくれるような示唆に富んだ内容の学習が必要だと思います。

全彦：我々が提供する学習機会は一つのきっかけを提供するものです。最近私は強く思うのですが、社会福祉法人の経営者は地域住民から信頼され、尊敬される存在になる必要があります。経営者の中には、自己の利益のみを追求する「商売人」的経営者もいますが、これではだめです。地域住民からそっぽを向かれるような法人が良いサービスを提供できるはずがありません。学習内容には、自分の人格を磨くきっかけになるようなものも含んでいます。参考のために、ここ3年間のセミナー内容をお示しします。

69　姫路市社会福祉法人経営者協議会会長として

姫路福祉施設経営セミナー　平成27年度　事業報告書

日　時	会議内容	場　所	摘　要
平成27年 4月30日(木)	総会	清交倶楽部 総社	1部　総会 　　26年度事業報告・決算書 　　27年度事業方針・予算案等 2部「中国古典の講話」 講師：三木英一氏
5月21日(水)	5月例会	清交倶楽部 総社	「これからの医療について」 講師：神野病院理事長　井上圭介氏
6月26日(金)	6月例会	清交倶楽部 総社	養成校各位との就職懇親会
7月28日(火)	7月例会	姫路労働会館	1部「行政説明」 　　講師：保育課　金山係長 2部「行政説明」 　　講師：保健福祉推進室 　監査指導室　岡本主幹・松本係長
8月21日(金)	8月 特別例会	キャッスル ホテル	「これからの福祉・医療についての討論会」 姫路市長・副市長・医療・福祉関係者等
9月30日(水)	9月例会	清交倶楽部 総社	「入所契約時の注意点　現場でのトラブル解決について」 講師：原法律事務所　弁護士 高石耕吉氏
10月30日(金)	10月例会	清交倶楽部 総社	「社福法人の改革の背景」 講師：社福みかり会理事長　谷村誠氏
11月16日(月)	11月例会	清交倶楽部 総社	「社会福祉法人をめぐる情勢と今後の動向」 講師：全国社会福祉施設経営者協議会 前会長　高岡国士氏
12月25日(金)	12月例会	清交倶楽部 総社	セミナー会員による年末懇談会
平成28年 1月26日(火)	1月例会	清交倶楽部 総社	セミナー会員による新年懇談会
2月25日(木)	2月例会	清交倶楽部 総社	「行政説明」 講師：姫路市健康福祉局長　山下雅史氏
3月29日(火)	3月例会	清交倶楽部 総社	「社会福祉法人制度改革に伴う会計処理について」 講師：公認会計士　川本幹雄氏

姫路福祉施設経営セミナー　平成28年度　事業報告書

日　時	会議内容	場　所	摘　要
平成28年 ４月22日(金)	総会	清交倶楽部 総社	１部　総会 27年度事業報告・決算書 28年度事業方針・予算案等 ２部「中国古典の講話」 講師：三木英一氏
５月27日(金)	５月例会	清交倶楽部 総社	「行政説明」 講師：姫路市健康福祉局長　甲良佳司氏
６月27日(月)	６月例会	清交倶楽部 総社	「姫路の誇る「地域の絆」で 防災とコミュニケーションづくり」 講師：姫路社協理事長　飯島義雄氏
７月29日(金)	７月例会	清交倶楽部 総社	「社会福祉法人制度改革について」 講師：保健福祉推進室 監査指導室　岡本主幹
８月18日(木)	８月 特別例会	キャッスル ホテル	「社会福祉法人制度改革について」 講師：大阪府大教授　関川芳孝氏
９月９日(金)	９月例会	キャッスル ホテル	養成校各位との就職懇親会
10月６日(木)	10月例会	清交倶楽部 総社	「行政説明」・「意見交換会」 講師：竹中隆一市議・井川一善市議
11月11日(金)	11月例会	キャッスル ホテル	石見利勝市長との懇談
12月16日(金)	12月例会	清交倶楽部 総社	「苦情解決制度の推進」 兵庫県福祉サービス運営適正化委員会 事務局長　長岡正容氏
平成29年 １月19日(木)	１月例会	清交倶楽部 総社	「人の一生と法律の出会い」 講師：姫路大学理事長　上田正一氏
２月14日(火)	２月例会	清交倶楽部 総社	「働く女性について・人材の発掘」 講師：神戸新聞記者　末永陽子氏
３月22日(水)	３月例会	清交倶楽部 総社	「ハラスメントの無い職場作り」 講師：社会保険労務士　庄司茂氏

71　姫路市社会福祉法人経営者協議会会長として

姫路福祉施設経営セミナー　平成29年度　事業報告書

日　時	会議内容	場　所	摘　要
平成29年 4月26日(水)	総会	清交倶楽部 総社	1部　総会 28年度事業報告・決算書 29年度事業方針・予算案等 2部「中国古典の講話」 講師：三木英一氏
5月10日(金)	5月例会	キャッスル ホテル	「行政説明」 講師：こども育成担当理事　田中咲子氏
6月2日(金)	6月例会	清交倶楽部 総社	保育士・介護士養成校 意見交換会・就職懇談会
7月4日(火)	7月例会	姫路商工会 議所	「社会福祉法人の新しい取り組みについて」 講師：保健福祉推進室 監査指導室　岡本主幹
8月2日(水)	8月例会	キャッスル ホテル	石見利勝市長との懇談会
9月8日(金)	9月例会	清交倶楽部 総社	社会福祉充実残額について 社会福祉法人指導監査のガイドラインの変更 講師：公認会計士　梅谷俊平氏
10月6日(金)	10月例会	清交倶楽部 総社	政府・厚労省内の目まぐるしい動き 社会福祉法人を取り巻く状況 講師：全私保連会長　小林公正氏
11月14日(火)	11月例会	清交倶楽部 商工会議所	行政説明・意見交換 姫路市議会議員　竹中隆一氏
12月19日(金)	12月例会	清交倶楽部 総社	セミナー会員による年末懇談会 ゲスト：黒川 副市長・ 田中咲子 子育て担当理事
平成30年 1月26日(金)	1月例会	清交倶楽部 総社	教育・論語について 加古川市社会福祉協議会理事長 山本勝氏
2月22日(木)	2月例会	姫路商工会 議所	働き方改革・無期雇用転換ルールについて 講師：社会保険労務士　庄司茂氏
3月23日(金)	3月例会	清交倶楽部 総社	「財務諸表の見方・分析」 講師：公認会計士　梅谷俊平氏

結びとしての纏め

塚口：西川全彦、八寿子ご夫妻と、主として「保育事業は国家事業であり、それを支える市町村にとっても最重要事業の一つである」ことを、それだけに、保育の充実を単なる政治スローガンに終わらせないために、政治とどうかかわっていくかについて意見をいただきました。特に、奥さんの八寿子さんからは全彦さんからだけでは見えなかった側面もご披露いただき大変興味深い鼎談の内容となりました。

実は、少ししか触れなかったのですが、全彦さんは、姫路市社会福祉法人経営者協議会会長としても活躍されていて、その功績は大きなものがあります。

社会福祉情勢はめまぐるしく、しかも急激に変化を遂げていますが、その変化が子ど

もにとって、また、社会福祉の支援を受ける人たちにとって良い方向に変化していると
は言い切れません。こうした中で、自己の利益は二の次に置き保育事業の発展と地域に
おける社会福祉の進化にご努力されている西川ご夫妻のご健闘を祈念し鼎談を締めくく
りたいと思います。

《鼎談者プロフィール》

西川　全彦（にしかわ　まさひこ）

昭和20年2月　兵庫県生まれ
昭和44年3月　関西学院大学商学部卒業
昭和49年4月　財団法人白鳥保育園入職、その後、白鳥南保育園施設長
平成18年　社会福祉法人白鳥会理事長、現在に至る。
昭和59年～平成12年　社団法人姫路保育協会会長
　この間、姫路市社会福祉審議会委員、姫路市社会福祉協議会理事
昭和63年～平成8年　社団法人兵庫県保育協会会長
　この間、兵庫県社会福祉審議会委員、兵庫県社会福祉協議会理事
平成2年12月3日　天皇・皇后両陛下御主催お茶会に招待される。

西川八寿子（にしかわ　やすこ）

昭和24年1月　兵庫県生まれ
昭和44年3月　保育士養成学校卒業
昭和44年4月　財団法人白鳥保育園入職、その後保育士資格を取得
昭和55年4月　社会福祉法人姫路青山福祉会青山保育園施設長、
その後、社会福祉法人白鳥会専務理事、現在に至る。

塚口伍喜夫（つかぐち　いきお）

昭和12年10月　兵庫県生まれ
昭和33年３月　中部社会事業短期大学卒業　４月日本福祉大学３年編入学
昭和33年８月　日本福祉大学中途退学
昭和33年９月　兵庫県社会福祉協議会入職
　　　　　　　その後、社会福祉部長、総務部長を経て事務局長、
　　　　　　　兵庫県社会福祉協議会理事、兵庫県共同募金会副会長を歴任
平成11年４月　九州保健福祉大学助教授・教授・同大学院教授
平成17年４月　流通科学大学教授・社会福祉学科長
平成25年10月　ＮＰＯ法人福祉サービス経営調査会理事長、顧問
平成28年５月　社会福祉法人ささゆり会理事長、現在に至る。

《編集者プロフィール》

野嶋　納美（のじま なつみ）

昭和13年６月　鳥取県生まれ
昭和36年３月　国立埼玉大学経済短期大学部卒業
昭和39年４月　兵庫県職員
　　　　　　　民生部北但福祉事務所長、障害福祉課長、

兵庫県社会福祉事業団常務理事等を歴任
平成11年4月　日本赤十字社兵庫県支部血液センター事務部長
平成15年4月　社会福祉法人のじぎく福祉会事務局長
平成25年10月　ＮＰＯ法人福祉サービス経営調査会事務局長・常務理事、副理事長
平成28年6月　社会福祉法人ささゆり会評議員、現在に至る。

社会福祉を牽引する人物 ③
西川全彦・八寿子
――社会福祉の発展と政治を動かす力――

2019年7月10日　初版第1刷発行

■編 集 者――野嶋納美
■発 行 者――佐藤　守
■発 行 所――株式会社 大学教育出版
〒700-0953　岡山市南区西市855－4
電話(086)244-1268(代)　FAX(086)246-0294
■D　T　P――難波田見子
■印刷製本――モリモト印刷(株)

ISBN978－4－86692－036－8